Picknick

AUTORIN: CORNELIA SCHINHARL | FOTOS: JÖRN RYNIO

Praxistipps

Extra

Rezepte

Auch ein Picknick will geplant sein

Wo soll es hingehen, wer kommt mit, gibt es dort Schatten, wo sitzen wir, was essen und trinken wir? Alles Fragen, die mit entscheiden, was eingepackt werden muss.

Wir gehen in den Biergarten, mieten ein Ruderboot und picknicken auf dem See oder machen es uns auf der grünen Wiese bequem – mit oder ohne Grill. Für den Biergarten brauchen wir nur Tischdecke, Teller, Besteck und was zu Essen, den Rest gibt es dort zu kaufen. Aufs Boot muss ein Sonnenschirm mit und auf die Wiese eine wasserdichte Decke. Und wer grillen will, sollte Holzkohle, eventuell einen Rost und einen sicheren Anzünder einstecken und vor allem einen Grillplatz ausfindig machen, auf dem das Brutzeln auch erlaubt ist. Was sonst noch wichtig ist, lesen Sie hier.

Gut gepackt ist halb gewonnen

Liegt der ausgesuchte Ort nur ein paar hundert Meter vom Parkplatz entfernt, können Sie so ziemlich alles mitnehmen. Muss man allerdings einen längeren Fußmarsch oder eine Radtour bewältigen, besser schon bei der Planung berücksichtigen: Nicht zu viel Schweres aufladen, also wenig aussuchen, was man etwa in Gläsern oder Glasflaschen transportieren muss. Oder: alles auf einen Leiterwagen packen und damit ins Ziel rollen. Feuchtes immer gut verpacken, damit nichts auslaufen kann. Gerichte wählen, denen Sonne und Wärme nichts anhaben kann, oder sie in Kühltüten (gibt es im Supermarkt bei den TK-Produkten) verstauen.

Picknick-untauglich

Manche Gerichte oder Zutaten eignen sich nicht für den Sommergenuss: Salate mit selbst gemachter Mayonnaise – sie verdirbt leicht und es können sich Salmonellen bilden. Rohes oder rosa gebratenes Fleisch wird schnell schlecht. Fisch, auch Räucherfisch, schmeckt kühl einfach besser. Warmer Frisch- und Weichkäse fängt schnell zu laufen an.

Aber bitte mit Kühlung!

Wer sich nah am Wasser niederlässt, muss sich um Getränkekühlung keine Sorgen machen. Flaschen am Ufer in den See legen oder in den Fluss stellen. Da aber Vorsicht: Je nach Strömung kann sich die Flasche schon mal selbstständig machen, also mit Steinen gut fixieren oder anbinden. Geht es in den Wald: Getränke gut gekühlt mitnehmen und unter einem Baum im Moos lagern. An allen anderen Orten hilft nur die Kühltasche oder ein Getränk, dem die Wärme nicht viel ausmacht, etwa Rotwein. Den aber kühl mitnehmen, denn zu warm soll auch er nicht werden.

WAS DARF ALLES MIT?

Machen Sie eine Liste und haken Sie ab – folgendes sollte mit zum Picknick: Als handfeste Basics eine wasserundurchlässige Decke, Beleuchtung (Windlichter, Fackeln), Taschenmesser, Taschenlampe, für später einen warmen Pulli und für alle Fälle einen Regenschutz einpacken. Sonnencreme, Mückenschutz und eventuell Pflaster dürfen gerne auch noch mit. Dazu gesellen sich natürlich: Geschirr und Gläser, Besteck und Servietten, Korkenzieher und Flaschenöffner, Salz und Pfeffer. Und: Mülltüten nicht vergessen.

Picknickkorb & Co. Für zwei oder für vier Personen – vom klassischen Weidenkorb bis zur Box aus Segeltuch ist einiges geboten. Meistens sind im Inneren Teller, Besteck, Tassen und Gläser zu finden, manchmal sogar Korkenzieher und Thermosflasche. Bedenken Sie beim Kauf, wie weit Sie den Koffer tragen müssen, sein Gewicht spielt also eine große Rolle. Für längere Wege ist ein Picknickrucksack wohl die bessere Wahl, auf dem Rücken kann man doch mehr stemmen als mit einer Hand.

Heimutensilien

Von zu Hause Es sollte nicht immer Plastik oder Pappe sein! Suchen Sie zu Hause nach Gläsern und Tellern, die recht leicht sind und an denen Sie nicht zu sehr hängen. Sie lassen sich gut tragen und dürfen auch mal zu Bruch gehen. Immer mit im Gepäck: Mühle oder Streuer für Salz und Pfeffer.

Picknickkorb

Gut gekühlt Die dicken Plastiktruhen sind für den Campingplatz ideal, fürs Picknick allerdings zu sperrig. Besser flexible Kühltaschen nehmen, die man sich umhängen oder sogar auf den Rücken packen kann. Für Flaschen gibt es einzelne Boxen, die die Getränke im Inneren lange kühl halten. Besonders wichtig: ausreichend Kühlelemente anschaffen und immer im Kühlfach bereithalten, damit es auch mal spontan losgehen kann.

Kühltaschen, Getränkeboxen, Kühlelemente

Schnelle Marinaden fürs bunte Grillvergnügen

Fleisch, Fisch und Gemüse vom Grill schmecken doppelt so gut, wenn sie vorher in einer würzigen Marinade einige Zeit ziehen durften. Hier ein paar zur Auswahl:

An richtigen Picknickplätzen ist Grillen meist erlaubt, oft sind sogar extra Stellen dafür vorhanden. Also Grillkohle mitnehmen, aufschichten und mit Grillanzündern anzünden. Die Kohle muss weißlich aussehen und schön glühen, bevor's losgehen kann. Vorher aber noch rechtzeitig das Grillgut marinieren.

Mediterrane Marinade

2 Knoblauchzehen schälen und dünn schneiden. Je 2 Zweige Rosmarin, Thymian und Oregano mit 6 Salbeiblättchen waschen, trockenschütteln, fein hacken. Mit 1 EL Zitronensaft, 4 EL Olivenöl, Salz und Pfeffer verrühren. Passt zu Fleisch wie Lammkoteletts und Schweinenackensteaks oder zu Scheiben von Zucchini, Paprika und Auberginen.

Honig-Soja-Marinade

1 EL Honig mit 2 EL Limetten- oder Zitronensaft und 6 EL Sojasauce verrühren, mit Chilipulver würzen. Passt zu Spareribs oder Schweinekoteletts.

Orient-Marinade

1 großes Bund Koriandergrün waschen, trockenschütteln, fein hacken. 4 Knoblauchzehen schälen und fein hacken. Beides mit Salz, je 1 EL Kreuzkümmel- und edelsüßem Paprikapulver und je 1 TL schwarzem Pfeffer und Ras-el-hanout (marrokanische Gewürzmischung, Asia-Laden) mischen. 1 EL Zitronensaft und 4 EL Olivenöl unterrühren. Passt zu Fisch wie Thunfisch, Sardinen und Makrelen, aber auch zu Lamm, Auberginen und Zucchini.

Süßscharfe Tomatenmarinade

2 Chilischoten waschen und entstielen, 2 Knoblauchzehen schälen, beides mit 1 EL Kapern sehr fein hacken. Mit 100 g Tomatenpüree, 1 EL Honig und 2 TL Aceto balsamico verrühren, mit Salz abschmecken. Passt zu Spareribs, Würstchen und Schweinekoteletts.

Apfel-Ingwer-Marinade

1 Bio-Limette waschen, Schale fein abreiben und den Saft auspressen. 1 Stück frischen Ingwer (etwa 4 cm) schälen und sehr fein hacken oder reiben. Alles mit 1/8 l Cidre oder naturtrübem Apfelsaft, 1 EL Apfelgelee und 2 TL Apfeldicksaft verrühren, mit Salz und Pfeffer abschmecken. Passt zu Fisch wie Lachs, zu Schweinefleisch und zu Geflügel.

Basilikum-Senf-Marinade

Die Blättchen von 1 Bund Basilikum abzupfen, 2 Knoblauchzehen schälen und 1 Frühlingszwiebel waschen und putzen, alles fein hacken. 2 in Öl eingelegte Sardellenfilets mit der Gabel zerdrücken und mit 1 EL scharfem Senf, der Kräutermischung, 1 EL Zitronensaft und 4 EL Olivenöl verrühren. Passt zu Lamm, Rind und Geflügel.

TIPP – FÜR NOCH MEHR AROMA
Die Marinaden nicht nur zum Einlegen verwenden, sondern das Grillgut nachher beim Braten immer wieder mal damit einpinseln. So wird alles schön braun und bekommt einen extra Aromaschub.

Mediterrane Marinade

Honig-Soja-Marinade

Orient-Marinade

Süßscharfe Tomatenmarinade

Apfel-Ingwer-Marinade

Basilikum-Senf-Marinade

Kräuter-Nuss-Brot

Sicher, man kann ein Baguette oder Ciabatta kaufen, noch viel besser schmeckt aber dieses würzige Brot zu den Picknickgerichten in diesem Buch.

500 g Dinkelvollkornmehl
Salz | 1 Würfel Hefe (42 g)
1 TL Honig | 100 g Joghurt
100 g Walnusskerne, Pinienkerne und
Haselnusskerne (nach Geschmack gemischt)
je 2 Zweige Thymian und Rosmarin
4 Blättchen Salbei

Für 6–8 Personen | ⊕ 30 Min. Zubereitung
1 Std. 15 Min. Gehen | 40 Min. Backen
Pro Portion (bei 8 Personen) ca. 305 kcal,
11 g EW, 10 g F, 43 g KH

1   Mehl mit 2 TL Salz in einer Schüssel mischen. Hefe zerkrümeln, mit Honig und 225 ml lauwarmem Wasser verrühren. Mit dem Joghurt zum Mehl geben und alles zu einem geschmeidigen, glatten Teig verkneten. Die Schüssel mit einem Tuch bedecken und den Teig an einem warmen Ort 1 Std. gehen lassen.

2   Backblech mit Backpapier belegen. Die Nüsse und Kerne fein hacken. Kräuter waschen, trockenschütteln und ebenfalls fein zerkleinern. Beides gleichmäßig unter den Teig kneten. Teig auf dem Backblech zu einem ovalen Laib formen, längs leicht einschneiden und nochmals etwa 15 Min. gehen lassen. Den Backofen auf 180° vorheizen.

3   Eine hitzebeständige Schüssel halbhoch mit Wasser füllen. Etwas Wasser neben das Brot auf das Blech spritzen, die Schüssel auf den Boden des Ofens stellen. Das Brot im Ofen (Mitte, Umluft 160°) etwa 40 Min. backen. Abkühlen lassen und in Scheiben schneiden.

GUT ZU WISSEN
Bei Brot macht man keine Stäbchen-, sondern die Klopfprobe. Mit einem Tuch anfassen, umdrehen und auf die Unterseite klopfen. Durchgebackenes Brot klingt hohl.

Möhren-Ingwer-Joghurt Gorgonzola-Nuss-Creme Kräuter-Oliven-Paste

Vegetarische Cremes für Brot und Gemüse

Möhren-Ingwer-Joghurt Für 4 Personen
100 g Möhren schälen und fein raspeln. 4 cm frischen Ingwer schälen und sehr fein hacken. Beides
in 1 EL Öl bei mittlerer Hitze etwa 2 Min. dünsten.
Mit Salz, 1 TL rosenscharfem Paprikapulver und
Pfeffer abschmecken und mit 200 g Joghurt vermengen. Schmeckt mit Fladenbrot und Grissini
oder zu Gemüsestiften wie Sellerie und Zucchini.

Gorgonzola-Nuss-Creme Für 4 Personen
4 Stängel Petersilie waschen, trockenschütteln und
mit 1 Handvoll Walnusskernen fein hacken. 150 g
Gorgonzola mit einer Gabel fein zerdrücken, mit je
50 g süßer und saurer Sahne, Nüssen und Petersilie verrühren und mit 1 TL Zitronensaft, Salz, Pfeffer
und etwas edelsüßem Paprikapulver abschmecken.
Schmeckt zum Dippen von Stangensellerie, Gurken-
stücken und Paprikastreifen, aber auch auf Brot
(am besten Misch- oder Vollkornbrot bzw. Knäcke).

Kräuter-Oliven-Paste Für 4 Personen
1 Bund gemischte Kräuter (z. B. Petersilie, Zitronenmelisse, Sauerampfer, Borretsch, Basilikum und

Rucola) waschen, trockenschütteln und die Blättchen mit 100 g entsteinten grünen Oliven, 2 EL
Pinienkernen und 50 ml Olivenöl zu einer feinen
Paste pürieren. Mit der abgeriebenen Schale von
½ Bio-Orange oder -Zitrone, ½ TL Honig, etwas
Salz und Chilipulver würzen. Die Paste schmeckt
auf gerösteten Brotscheiben und zum Dippen mit
Grissini. (Wer mag, kann sie auch zu Fleischpflanzerl, kaltem Braten oder Räucherfisch servieren.)

TIPP – GUT ZUM MITNEHMEN
Wer die Cremes zum Dippen vorgesehen hat, füllt sie
am besten gleich pro Person in ein Extraglas, dann kann
jeder Gemüse & Co. ganz praktisch in die eigene Creme
tunken. Als Brotaufstrich können die Cremes auch in ein
größeres Glas. In jedem Fall am Picknickplatz vor dem
Essen noch mal kurz durchrühren. Und das Gemüse zum
Dippen zu Hause schon schälen oder waschen und in
lange, nicht zu dünne Stifte schneiden. Nach Sorten getrennt in Frischhaltebehälter geben oder auch in Plastik-
beutel verpacken. Und beides gut verschließen, damit
die Gemüsestreifen nicht austrocknen.

Salate und Mariniertes

Etwas Frisches gehört zu jedem Picknick. Deshalb mischen wir unseren Salat auch erst vor Ort mit dem Dressing, damit er schön knackig bleibt. Außer er braucht seine Zeit, um in einer Sauce erst richtig gut zu werden, wie dieser scharfe Gemüse-Feta-Salat und manch mariniertes Gemüse und eingelegter Fisch.

Scharfer Gemüse-Feta-Salat

2 junge Zucchini (etwa 400 g)
300 g Tomaten
1 gelbe Paprikaschote
4 Frühlingszwiebeln
½ Bund Basilikum
1 rote Chilischote
150 g Feta (Schafkäse)
2 EL Zitronensaft | Salz
½ TL rosenscharfes Paprikapulver
4 EL Olivenöl

Für 4 Personen | ⏱ 20 Min. Zubereitung
Pro Portion ca. 200 kcal, 9 g EW, 16 g F, 4 g KH

1 Zucchini, Tomaten, Paprika und die Frühlings-
zwiebeln waschen, putzen und sehr klein würfeln.
Basilikumblättchen abzupfen und fein hacken.
Die Chilischote waschen, entstielen und mit den
Kernen sehr fein hacken. Feta klein würfeln.

2 Zitronensaft mit Salz, Chili und Paprikapulver
gründlich verrühren, Öl unterschlagen. Gemüse,
Basilikum und Käse mit der Sauce mischen und
abschmecken. Portionsweise abfüllen, z. B. in
Schraubgläser, diese gut verschließen und bis
zum Mitnehmen in den Kühlschrank stellen.

AUSTAUSCH-TIPPS
Statt der Zucchini auch mal eine Salatgurke nehmen,
diese aber vor dem Würfeln der Länge nach halbieren
und die Kerne mit einem Teelöffel herauskratzen.

TIPP
Zucchini ziehen zwar nicht so viel Flüssigkeit wie
Gurken, trotzdem sollten Sie den Salat vor dem Essen
noch einmal gut durchrühren.

UND DAZU?
Super ist griechisches Fladenbrot, eventuell mit Sesam.

fruchtig | ganz einfach zu machen

Bulgursalat mit Kräuter-Aprikosen

200 g Bulgur | Salz
100 g getrocknete Aprikosen
2 rote Chilischoten
1 Bund Frühlingszwiebeln
je 3 Stängel Minze, Zitronenmelisse,
Petersilie und Basilikum
4 EL Zitronensaft
Pfeffer | ½ TL gemahlener Koriander
1 TL Honig | 6 EL Olivenöl
150 g Ziegenfrischkäse oder
Feta (Schafkäse)

Für 4 Personen
🕐 20 Min. Zubereitung | 1 Std. Quellen
Pro Portion ca. 475 kcal, 15 g EW, 24 g F, 49 g KH

1 Den Bulgur in einer Schüssel mit 1/4 l heißem Wasser und Salz mischen und 1 Std. quellen lassen. Die Aprikosen in Streifen schneiden, mit heißem Wasser übergießen und ebenfalls quellen lassen.

2 Chilis waschen, von den Stielen befreien und mit den Kernen in feine Ringe schneiden. Die Frühlingszwiebeln waschen, putzen und mit dem knackigen Grün ebenfalls in Ringe schneiden. Die Kräuter waschen, trockenschütteln und fein hacken.

3 Zitronensaft mit Salz, Pfeffer, Koriander und Honig verrühren, Öl unterschlagen. Aprikosen in einem Sieb abtropfen lassen. Mit Bulgur, Chilis, Kräutern, Zwiebeln und Sauce mischen und abschmecken. Den Käse in kleine Stücke zerteilen oder schneiden und vorsichtig unterheben. Den Salat in Gläser mit Schraubdeckel füllen.

asiatisch | würzig

Reisnudelsalat mit Rettich

300 g mittelbreite Reisnudeln | Salz
300 g Rinderfilet oder -lende
½ weißer Rettich (etwa 400 g) | 2 EL Öl
1 Stück frischer Ingwer (etwa 3 cm)
2 Frühlingszwiebeln | 1 Bio-Limette
5 EL Gemüsebrühe | 3 EL Sojasauce
1 EL Wasabi-Paste (japanischer grüner
Meerrettich, aus dem Asia-Laden)
Korianderblättchen zum Bestreuen

Für 4 Personen | 🕐 20 Min. Zubereitung
Pro Portion ca. 435 kcal, 23 g EW, 8 g F, 67 g KH

1 Die Reisnudeln in kochendem Salzwasser nach Packungsaufschrift bissfest garen, in einem Sieb gründlich abschrecken und abtropfen lassen.

2 Rindfleisch in feine Streifen schneiden. Rettich schälen und erst in dünne Scheiben, dann in 1 cm breite Streifen schneiden. In einer Pfanne 1 EL Öl erhitzen. Rettich darin 2–3 Min. bei starker Hitze unter Rühren braten, herausnehmen. Fleisch im übrigen Öl 1–2 Min. braten, auch herausnehmen.

3 Ingwer schälen und fein hacken. Die Frühlingszwiebeln waschen, putzen und in dünne Ringe schneiden. Limette heiß waschen und die Schale fein abreiben, den Saft auspressen.

4 Die Brühe mit Ingwer, Sojasauce, Wasabi, 2 EL Limettensaft und der Limettenschale verrühren. Mit Nudeln, Zwiebeln, Fleisch und Rettich mischen und abschmecken. In kleine Weck- oder Deckelgläser füllen, mit Koriander garnieren und verschließen.

saftig | frisch

Kartoffel-Gemüse-Salat mit Kräutern

Ein bunt gemischter Salat zum Sattessen, der sommerlich leicht komponiert ist und durch die frischen Kräuter sein ganz besonderes Aroma erhält.

500 g festkochende Kartoffeln
300 g breite grüne Bohnen
5 Stängel Bohnenkraut
Salz
1 große rote Paprikaschote
1 Zucchino
2 milde weiße Zwiebeln
je 1 Stängel Salbei und Rosmarin
je 4 Stängel Oregano, Thymian und Basilikum
7 EL Olivenöl
2 ½ EL Zitronensaft
Pfeffer

Für 4 Personen | ⊚ 40 Min. Zubereitung
Pro Portion ca. 270 kcal, 5 g EW, 18 g F, 22 g KH

1 Kartoffeln waschen und samt Schale in einem Topf mit Wasser bedecken. Deckel auflegen und die Kartoffeln in 20–25 Min. weich garen, aber nicht zerfallen lassen. Abgießen, etwas ausdampfen lassen.

2 Inzwischen Bohnen waschen, putzen, in 5 cm lange Stücke schneiden und mit dem Bohnenkraut in kochendem Salzwasser in etwa 8 Min. bissfest garen. Abschrecken und abtropfen lassen.

3 Paprika und Zucchino waschen und putzen, Zwiebeln schälen. Paprika in Rauten, Zucchino in dünne Scheiben und Zwiebeln in Achtel schneiden. Übrige Kräuter waschen und trockenschütteln, die Nadeln und Blättchen von den Stängeln zupfen, Basilikum beiseitelegen.

4 In einem Topf 2 EL Öl erhitzen, das Gemüse und die Kräuter darin andünsten. Mit 50 ml Wasser aufgießen, salzen. Gemüse zugedeckt bei schwacher Hitze in etwa 5 Min. bissfest garen. Abkühlen lassen.

5 Den Zitronensaft mit Salz und Pfeffer verrühren, übriges Öl dazugeben und alles zu einer cremigen Sauce verschlagen. Kartoffeln pellen und je nach Größe vierteln oder achteln. Mit dem Gemüse und der Sauce mischen und abschmecken. Salat in eine verschließbare Schüssel füllen, mit dem Basilikum bestreuen und Schüssel gut verschließen.

VARIANTE – KARTOFFELSALAT MIT OLIVENSAUCE
Kartoffeln und Gemüse wie beschrieben zubereiten. Für die Sauce 1 EL schwarze Olivenpaste (aus dem Glas) mit dem Zitronensaft und dem Olivenöl verrühren. 6 in Öl eingelegte, getrocknete Tomaten fein hacken und mit Salz und Pfeffer untermischen. Alles vermengen, abschmecken und in die Schüssel füllen.

UND DAZU?
Sehr gut passen zum Salat Fleischpflanzerl (S. 40), aber auch Grünkernpflanzerl (S. 48) oder Tafelspitz-Sülzchen (S. 20).

MEHR LEUTE BEIM PICKNICK?
Die doppelte Menge Kartoffelsalat fertig zubereiten. Dazu noch etwas mehr Dressing anrühren und in einem Schraubglas mitnehmen. Beim Picknick dann unter den Salat mischen (so viele Kartoffeln brauchen einfach ein bisschen mehr Sauce) und diesen eventuell noch einmal leicht salzen und pfeffern.

Blattsalate mit Parmesan

Wer etwas Leichtes mit Pfiff sucht, trifft mit diesem Salat genau die richtige Wahl – bunt gemischt und mit aromatischen Tomaten und würzigem Käse kombiniert.

1 kleiner Eichblatt- oder Burgundersalat |
1 kleiner Radicchio | 1 Bund Rucola | 4 Stängel
Zitronenmelisse | 200 g Kirschtomaten | 2 TL
Honigsenf | 3 EL Zitronensaft | Salz | Pfeffer |
8 EL Olivenöl | 100 g Parmesan (am Stück)

Für 4 Personen | ⏱ 25 Min. Zubereitung
Pro Portion ca. 315 kcal, 12 g EW, 27 g F, 6 g KH

1 Die Salatblätter auseinanderlösen, Rucola von
welken Blättern und groben Stielen befreien. Salatblätter und Rucola waschen, trockenschleudern
und in mundgerechte Stücke zupfen. Die Melisse
waschen, trockenschütteln und in feine Streifen
schneiden. Tomaten waschen und halbieren.

2 Salat, Rucola, Zitronenmelisse und Tomaten
locker mischen und in eine verschließbare Schüssel
oder in vier Weckgläser füllen.

3 Für die Salatsauce Senf mit Zitronensaft, Salz
und Pfeffer verrühren, das Öl unterschlagen. Sauce
in ein kleines Schraubglas füllen, den Parmesan in
Späne hobeln und in ein Extragefäß geben, beide
Gläser verschließen. Beim Essen Sauce über dem
Salat verteilen und die Parmesanspäne aufstreuen.

VARIANTE – BOHNENSALAT MIT FETA

400 g grüne Bohnen waschen, putzen und in Salzwasser
in 8–10 Min. bissfest kochen, dann kurz abschrecken und
abtropfen lassen. 1 Dose weiße Bohnenkerne (240 g Abtropfgewicht) in einem Sieb abbrausen und abtropfen
lassen. Beide Bohnensorten mit der Salatsauce mischen
und in verschließbare Gefäße füllen. 2 Tomaten waschen
und klein würfeln, dabei Stielansätze entfernen, 150 g
Feta (Schafkäse) würfeln. Beides einpacken und beim
Essen über den Salat streuen.

Spitzkohl-Tomaten-Salat

1 Spitzkohl (etwa 600 g) | Salz | 100 g in Öl eingelegte, getrocknete Tomaten | 200 g frische Tomaten | ½ Bund Petersilie | 1 rote Zwiebel | 2 ½ EL Weißweinessig | 1 TL gemahlener Kümmel | 4 EL Rapsöl

Für 4 Personen | 🕐 25 Min. Zubereitung
Pro Portion ca. 190 kcal, 5 g EW, 11 g F, 17 g KH

1 Den Spitzkohl waschen, vierteln, vom Strunk befreien und in 1 cm breite Streifen schneiden. In kochendem Salzwasser in 2–3 Min. bissfest garen, abschrecken und abtropfen lassen.

2 Getrocknete Tomaten in feine Streifen schneiden. Frische Tomaten waschen und würfeln, dabei die Stielansätze entfernen. Petersilie waschen, trockenschütteln und fein hacken. Zwiebel schälen, vierteln und in feine Streifen schneiden. Essig mit Salz und Kümmel verrühren, Öl unterschlagen. Alles mischen und den Salat abschmecken. Portionsweise in verschließbare Gläser oder Dosen füllen.

Wurst-Gurken-Salat

1 Salatgurke | 4 Gewürzgurken | 1 Bund Frühlingszwiebeln | ¼ Bund Minze | 400 g Regensburger oder Fleischwurst | 1 Stück frischer Meerrettich (2 cm) | 1 Kästchen Gartenkresse | 2 EL Apfelessig | Salz | Pfeffer | 4 EL Rapsöl

Für 4 Personen | 🕐 20 Min. Zubereitung
Pro Portion ca. 425 kcal, 12 g EW, 39 g F, 6 g KH

1 Die Salatgurke schälen oder waschen und längs vierteln. Kerne aus der Mitte herauskratzen, Viertel quer in dünne Scheiben schneiden. Gewürzgurken klein würfeln. Frühlingszwiebeln waschen, putzen und samt knackigem Grün in feine Ringe schneiden. Minze waschen, trockenschütteln und fein hacken. Wurst häuten und in dünne Scheiben schneiden.

2 Meerrettich schälen und fein reiben, Kresse vom Beet abschneiden. Beides mit Essig, Salz, Pfeffer und Öl verrühren. Die Salatzutaten untermischen und den Salat abschmecken. Portionsweise in verschließbare Gläser oder Dosen füllen.

preiswert | gut vorzubereiten

Grillzwiebeln mit Minze

500 g junge weiße und rote Zwiebeln
4 EL Olivenöl
Salz | Pfeffer
⅛ l trockener Cidre oder Apfelsaft
⅛ l Gemüsebrühe
2 EL Zitronensaft
1 kleine getrocknete Chilischote
2 TL Honig
½ Bund Minze

Für 4 Personen
🕐 30 Min. Zubereitung | 2 Std. Marinieren
Pro Portion ca. 155 kcal, 2 g EW, 10 g F, 10 g KH

1 Die Zwiebeln schälen und je nach Größe vierteln oder achteln. Zwiebeln mit 2 EL Olivenöl, Salz und Pfeffer in einer feuerfesten Form mischen. Den Backofengrill anheizen. Zwiebeln mit etwa 10 cm Abstand unter die Grillschlangen schieben und in 10–12 Min. braun und bissfest grillen. Dabei einmal durchrühren.

2 Inzwischen Cidre oder Apfelsaft mit Brühe und Zitronensaft in einem Topf erhitzen. Chilischote andrücken und dazugeben. Alles bei starker Hitze in etwa 5 Min. auf die Hälfte einkochen lassen. Den Sud mit Honig und Salz abschmecken.

3 Minze waschen, trockenschütteln und fein hacken. Mit Zwiebeln und übrigem Öl unter den Sud mischen, abkühlen und mindestens 2 Std. marinieren lassen.

AUSTAUSCH-TIPP
Die Zwiebeln auch mal durch breite Paprikastreifen, Artischockenviertel oder ganze junge Möhren ersetzen.

festlich | asiatisch gewürzt

Marinierte Fischfilets

1 Stange Zitronengras
1 Stück frischer Ingwer (etwa 2 cm)
2 Knoblauchzehen
4 Frühlingszwiebeln
1 Bio-Limette
4 Fischfilets (etwa 600 g, z. B. Zander, Saibling oder Pangasius)
Salz | Pfeffer
2 EL Öl | ⅛ l Fischfond
2 EL süßscharfe Chilisauce
Koriander- oder Thai-Basilikumblättchen zum Bestreuen

Für 4 Personen
🕐 25 Min. Zubereitung | 2 Std. Marinieren
Pro Portion ca. 190 kcal, 30 g EW, 6 g F, 3 g KH

1 Zitronengras putzen, waschen und sehr fein schneiden. Ingwer und Knoblauch schälen und fein hacken. Frühlingszwiebeln waschen und putzen, das knackige Grün beiseitelegen, den Rest in feine Ringe schneiden. Limette heiß waschen und die Schale fein abreiben, den Saft auspressen.

2 Fischfilets salzen und pfeffern. Öl erhitzen und die Filets darin pro Seite 2–3 Min. bei mittlerer Hitze braten, in eine verschließbare Form geben. Zitronengras, Ingwer, Knoblauch und Zwiebelringe im Bratfett andünsten. Mit Fischfond ablöschen und aufkochen lassen. Mit Limettensaft und -schale sowie der Chilisauce würzen, salzen und über den Fischfilets verteilen. Mindestens 2 Std. marinieren lassen. Zwiebelgrün in Ringe schneiden, mit den Kräuterblättchen mischen und extra einpacken. Beim Picknick über den Fisch streuen.

kann gut schon am Vortag zubereitet werden

Tafelspitz-Sülzchen mit Gurkenjoghurt

Eine schnelle Variante des beliebten Klassikers, die ganz einfach zu machen ist und Ihre Picknick-Gäste ganz bestimmt beeindrucken wird.

Für das Tafelspitz-Sülzchen
1 kleiner Kohlrabi
100 g junge Möhren | Salz
400 g gekochtes Rindfleisch oder Roastbeef
(selbst gemacht oder fertig gekauft)
1 Bund Schnittlauch
6 Blatt weiße Gelatine
400 ml Rinderfond
2 EL Apfelessig | Pfeffer

Für den Gurkenjoghurt
1 kleine Salatgurke
150 g saure Sahne
200 g Joghurt | 1 TL scharfer Senf
1 TL Raps- oder Distelöl
Salz | Pfeffer
3 EL Kürbiskernöl

Für 6 Personen
⏱ 40 Min. Zubereitung | 2 Std. Kühlen
Pro Portion ca. 610 kcal, 46 g EW, 39 g F, 25 g KH

1 Kohlrabi und Möhren schälen, in feine Streifen schneiden. In kochendem Salzwasser in etwa 1 Min. bissfest garen. Abschrecken und abtropfen lassen.

2 Fleisch in feine Streifen schneiden. Schnittlauch waschen, trockenschütteln, in Röllchen schneiden. Die Gelatine 10 Min. in kaltem Wasser einweichen.

3 Den Rinderfond mit 100 ml Wasser zum Kochen bringen und mit dem Essig, Salz und Pfeffer kräftig abschmecken (die Würze wird nach dem Erkalten schwächer). Gelatine abtropfen lassen und in dem warmen, nicht mehr kochenden Fond auflösen. Die Schnittlauchröllchen untermischen.

4 Sechs verschließbare Gläser (je etwa 225 ml Inhalt) mit einem dünnen Fondspiegel ausgießen und diesen fest werden lassen (Bild 1). Etwas Gemüse und Fleisch daraufgeben und wieder etwas Fond angießen. Die Zutaten weiter einschichten und jeweils mit Fond aufgießen (Bild 2). Wenn alles verbraucht ist, Gläser für mindestens 2 Std. kühl stellen und die Sülzchen fest werden lassen.

5 Gurke schälen, längs halbieren, entkernen und sehr klein würfeln. Saure Sahne mit Joghurt, Senf und Raps- oder Distelöl verrühren, salzen, pfeffern, die Gurke untermischen. In ein Schraubglas füllen, das Kürbiskernöl extra abfüllen. Beim Picknick die Sülzen mit einem Messer vom Rand der Gläser lösen und auf Teller stürzen. Mit Kürbiskernöl beträufeln und mit dem Gurkenjoghurt essen.

AUSTAUSCH-TIPP
Rindfleisch durch Räucherfisch und Fleischfond durch Fischfond ersetzen, das Kürbiskernöl einfach weglassen.

UND DAZU?
Laugenbrezen oder Kümmelstangen passen gut.

MEHR LEUTE BEIM PICKNICK?
Die Zutaten verdoppeln oder verdreifachen und alles in eine Kastenform schichten. Beim Picknick dann vorsichtig stürzen und in dünne Scheiben schneiden.

erfrischend | vegetarisch

Tomaten-Melonen-Gazpacho

4 Scheiben Toastbrot
1 rote Zwiebel | 2 Knoblauchzehen
500 g Tomaten
½ Honigmelone (etwa 700 g)
1 EL Kapern | 4 EL Olivenöl
2 EL Zitronensaft
½ Bund Basilikum
je 1 TL rosenscharfes und edelsüßes
Paprikapulver | Salz | Pfeffer

Für 4 Personen | ⏱ 25 Min. Zubereitung
Pro Portion ca. 235 kcal, 3 g EW, 11 g F, 31 g KH

1 2 Scheiben Toastbrot in lauwarmem Wasser einweichen. Zwiebel und Knoblauch schälen und grob würfeln. Die Tomaten waschen, 1 kleinere Tomate beiseitelegen, den Rest würfeln und dabei die Stielansätze entfernen. Die Melone von den Kernen befreien, schälen und ebenfalls 1 Stück weglegen, den Rest würfeln.

2 Eingeweichtes Brot ausdrücken und mit Zwiebel, Knoblauch, Tomaten- und Melonenwürfeln, Kapern, Olivenöl und Zitronensaft zu einer Suppe pürieren.

3 Übrige Tomate fein würfeln, dabei den Stielansatz entfernen. Das Melonenstück ebenfalls fein würfeln, Basilikumblättchen fein hacken. Alles unter die Suppe rühren und mit Paprika, Salz und Pfeffer abschmecken. In Schraubgläser füllen.

4 Restliches Brot entrinden, klein würfeln und in einer Pfanne ohne Fett goldgelb rösten. Extra einpacken und vor dem Essen aufstreuen.

würzig | ganz einfach

Marinierte Paprika mit Ziegenkäse

8 längliche, schmale Paprikaschoten
(etwa 700 g) | Salz | ½ Bio-Zitrone
2 EL entsteinte grüne Oliven
je 2 Stängel Oregano, Zitronenmelisse
und Petersilie
2 Knoblauchzehen
Pfeffer | ½ TL gemahlener Koriander
4 EL Olivenöl | 250 g Ziegenkäserolle

Für 4 Personen
⏱ 30 Min. Zubereitung | 2 Std. Marinieren
Pro Portion ca. 305 kcal, 15 g EW, 25 g F, 6 g KH

1 Paprika waschen, Deckel mit Stiel abschneiden, Trennhäutchen herauslösen. Schoten in Salzwasser 3 Min. kochen, abschrecken und abtropfen lassen.

2 Zitrone heiß waschen, Schale dünn abschneiden und in feine Streifen schneiden, Saft auspressen. Die Oliven fein hacken. Kräuter waschen, trockenschütteln und ebenfalls fein hacken. Knoblauch schälen und durch die Presse drücken.

3 Zitronenschale und 1 ½ EL Zitronensaft, Oliven, Kräuter, Knoblauch, Salz, Pfeffer und Koriander verrühren, das Öl unterschlagen. Käse in 8 längliche Stücke schneiden, mit der Sauce mischen. Jeweils 1 Käsestück in eine Paprika legen. Paprika einzeln in Klarsichtfolie wickeln und mindestens 2 Std. im Kühlschrank marinieren lassen.

TIPP – PAPRIKA GRILLEN
Statt die Paprika zu kochen, können Sie sie unter den heißen Grillschlangen 6–8 Min. garen, einmal wenden.

22   oben: Tomaten-Melonen-Gazpacho | unten: Marinierte Paprika mit Ziegenkäse

Brote und Gebäck

Hier gibt es bunt belegte Brote, die sich prima vorbereiten lassen wie das südfranzösische Pan bagnat, das durchgezogen sogar noch besser schmeckt. Oder wie wär's mit einer feinen Quiche, knusprigen Teigtaschen, würzigen Käsemuffins oder Wraps mit saftiger Füllung? Mit ihnen wird ein Picknick nie langweilig.

Pan bagnat

2 milde weiße oder rote Zwiebeln
6 Blätter Romanasalat
4 feste Tomaten | 4 Stängel Basilikum
2 Dosen Thunfisch in Olivenöl (je 150 g
Abtropfgewicht)
2 EL entsteinte schwarze oder grüne Oliven
2 EL Weiß- oder Rotweinessig
2 TL scharfer Senf
Salz | Pfeffer | 6 EL Olivenöl
4 Baguette- oder Bauernbrötchen

Für 4 Personen
◉ 20 Min. Zubereitung | 1 Std. Ziehen
Pro Portion ca. 520 kcal, 24 g EW, 33 g F, 36 g KH

1 Die Zwiebeln schälen, vierteln und in feine
Streifen schneiden. Salatblätter waschen, trocken-
schütteln und in 1 cm breite Streifen teilen. Die
Tomaten waschen und ohne die Stielansätze in
Scheiben schneiden. Basilikumblättchen von den
Stängeln zupfen. Thunfisch abtropfen lassen und
zerpflücken, Oliven grob schneiden.

2 Essig mit Senf, Salz und Pfeffer verrühren, mit
dem Öl zu einer cremigen Sauce verschlagen. Alle
vorbereiteten Zutaten mit der Sauce mischen. Brötchen aufschneiden, die Mischung auf den unteren
Hälften verteilen, dabei die Tomatenscheiben mög-
lichst gleichmäßig legen. Obere Brötchenhälften
auflegen, Pan bagnat in Folie wickeln und mindestens 1 Std. im Kühlschrank durchziehen lassen.

SERVIER-TIPP
Der Clou bei diesen Brötchen ist, dass sie ein bisschen
durchweichen sollen, damit sich das Aroma der »Salat«-
Zutaten mit dem der Brötchen verbindet. Das macht sie
zugleich schön saftig. Also ausreichend Servietten mitnehmen, denn beim Reinbeißen kann es tropfen.

italienisch | edel & schnell

Pikante Schnitzel-Sandwiches

8 kleine, dünne Kalbsschnitzel (je etwa 50 g) | 4 Scheiben San-Daniele- oder Parmaschinken | 16 Salbeiblättchen | 1 EL Butter | 1 EL Olivenöl | 2 TL Zitronensaft | Salz | Pfeffer | 4 Sandwich-brötchen | 2 TL Olivenpaste (Glas) | 2 EL Mayon-naise | 200 g gehäutete Paprikastreifen (Glas)

Für 4 Personen | ⊙ 20 Min. Zubereitung
Pro Portion ca. 440 kcal, 34 g EW, 22 g F, 35 g KH

Die Schnitzel mit dem Handballen flacher drücken. Schinken ohne Fettrand quer halbieren. Schnitzel mit Schinken und Salbei belegen, mit Zahnstochern feststecken. Schnitzel in Butter und Öl pro Seite 1 Min. bei starker Hitze braten. Mit Zitronensaft, Salz und Pfeffer würzen. Brötchen aufschneiden, mit Oliven-paste und Mayonnaise bestreichen. Schnitzel vom Zahnstocher befreien und mit den abgetropften Paprikastreifen auf die bestrichenen Hälften legen. Die Brötchen zusammenklappen, einpacken.

fürs Edelpicknick | kräuterfrisch

Lachs-Tramezzini mit Zucchini-Frischkäse

1 junger Zucchino (etwa 140 g) | ½ Bio-Zitrone | ½ Bund Basilikum | 150 g Doppelrahm-Frisch-käse | Salz | Pfeffer | 8 Scheiben Sandwichbrot | 150 g Räucher- oder Graved Lachs (in Scheiben)

Für 4 Personen | ⊙ 15 Min. Zubereitung
Pro Portion ca. 325 kcal, 16 g EW, 20 g F, 21 g KH

1   Zucchino waschen, putzen und fein raspeln. Die Flüssigkeit, die sich dabei bildet, ausdrücken. Zitrone heiß waschen und die Schale fein abreiben. Die Basilikumblättchen in Streifen schneiden.

2   Die Zucchiniraspel mit der Zitronenschale und dem Basilikum unter den Frischkäse rühren, salzen und pfeffern. Die Hälfte der Sandwichbrote mit dem Frischkäse bestreichen und mit Lachsscheiben be-legen. Den Lachs mit ein paar Tropfen Zitronensaft würzen, restliche Brotscheiben auflegen und die Brote diagonal durchschneiden. Einzeln verpacken.

Schinken-Tramezzini mit Feigen

150 g gekochter Schinken | 2 Wacholderbeeren | 1 Tomate | 100 g saure Sahne | ½ Bund Petersilie | Salz | Pfeffer | 4 Feigen | 2 TL Zitronensaft | 8 Scheiben Sandwichbrot

Für 4 Personen | ⏱ 20 Min. Zubereitung
Pro Portion ca. 210 kcal, 12 g EW, 6 g F, 27 g KH

1 Schinken ohne Fett würfeln, Wacholderbeeren hacken. Tomate waschen und würfeln, dabei Stielansatz entfernen. Alles mit der sauren Sahne fein pürieren. Petersilie waschen, trockenschütteln, fein hacken und untermischen, salzen und pfeffern.

2 Die Feigen waschen, vom Stiel befreien und in dünne Scheiben schneiden. Mit dem Zitronensaft beträufeln. Die Hälfte der Brotscheiben mit der Schinkencreme bestreichen und mit den Feigen belegen. Andere Brothälften auflegen, Brote diagonal halbieren oder vierteln und einzeln einpacken.

Hummus-Tomaten-Brote

1 Dose Kichererbsen (265 g Abtropfgewicht) | 2 EL Olivenöl | 2 ½ EL Zitronensaft | 3 EL Sesamsamen | Salz | je ½ TL gemahlener Kreuzkümmel und rosenscharfes Paprikapulver | 4 Salatblätter | 2 Fleischtomaten | 4 kleine Fladenbrote | Pfeffer

Für 4 Personen | ⏱ 20 Min. Zubereitung
Pro Portion ca. 445 kcal, 19 g EW, 14 g F, 64 g KH

1 Kichererbsen im Sieb abbrausen und abtropfen lassen. Mit Öl, Zitronensaft, Sesam und 2–3 EL Wasser zu einer cremigen Paste pürieren. Hummus mit Salz, Kreuzkümmel und Paprika abschmecken.

2 Salat waschen, trocknen, dicke Rippen flach schneiden. Die Tomaten waschen und ohne Stielansätze in dünne Scheiben schneiden. Fladen aufschneiden, mit Hummus bestreichen und mit Salat und Tomaten belegen, salzen, pfeffern. Brotdeckel auflegen und andrücken, Brote einzeln einpacken.

macht Eindruck | saftig & würzig

Zwiebel-Birnen-Quiche mit Kümmel

Eine Mischung aus Käsequiche und Zwiebelkuchen – angenehm würzig, fruchtig und ideal für eine größere Picknick-Runde.

Für den Teig
400 g Mehl | 1 TL Salz
200 g Butter
2 Eigelb (Größe M)

Für den Belag
500 g rote Zwiebeln | Salz
4 feste Birnen (etwa 600 g)
1 EL Zitronensaft
300 g Hartkäse (z. B. Bergkäse,
mittelalter Gouda oder Emmentaler)
3 Eier (Größe M)
250 g saure Sahne
Salz | Pfeffer
2 TL Kümmelsamen

Für 1 Backblech (8 Portionen)
⊙ 40 Min. Zubereitung
1 Std. Kühlen | 40 Min. Backen
Pro Portion ca. 620 kcal, 20 g EW, 39 g F, 48 g KH

1 Für den Teig das Mehl mit dem Salz mischen. Die Butter in kleine Stücke schneiden und mit den Eigelben dazugeben. Alles zu einem glatten Teig verkneten. Teig zu einer Kugel formen, in Klarsichtfolie wickeln und etwa 1 Std. kühl stellen.

2 Für den Belag die Zwiebeln schälen und achteln. In kochendem Salzwasser etwa 3 Min. vorgaren, abschrecken und abtropfen lassen. Die Birnen schälen, vom Kerngehäuse befreien und in dickere Schnitze schneiden. Mit dem Zitronensaft mischen.

3 Den Käse entrinden und fein reiben. Die Eier mit der sauren Sahne und dem Käse verrühren und mit Salz und Pfeffer würzen, Kümmel untermischen.

4 Backofen auf 200° vorheizen. Den Teig in der Größe des Backblechs ausrollen. Das Backblech damit auskleiden, rundherum einen kleinen Rand hochziehen. Zwiebeln und Birnen mischen, leicht salzen und pfeffern und auf dem Teig verteilen. Die Käsecreme darübergeben und verstreichen.

5 Die Quiche im Ofen (Mitte, Umluft 180°) etwa 40 Min. backen, bis sie schön gebräunt ist. Abkühlen lassen, dann in etwa 5 x 5 cm große Stücke schneiden. In einer Dose aufschichten (jeweils ein Stück Butterbrotpapier dazwischen legen) und die Dose gut verschließen.

VARIANTE – MANGOLD-FETA-QUICHE
Den Teig wie beschrieben zubereiten und kühlen, dann auf dem Blech ausrollen. Für den Belag 1 kg Mangold putzen, waschen und trockentupfen. Grüne Blätter abschneiden und hacken, Stiele in Streifen schneiden. Stiele in Salzwasser 2 Min. kochen, Blätter dazugeben und nur zusammenfallen lassen. Abschrecken und abtropfen lassen. 300 g Feta (Schafskäse) zerkrümeln, mit dem Mangold mischen, salzen, pfeffern und auf dem Teig verteilen. 4 Eier (Größe M) mit 250 g Sahne verrühren, leicht salzen und pfeffern und über das Gemüse gießen. Wie beschrieben backen, auskühlen lassen und in Quadrate schneiden.

am nächsten Tag noch besser | leicht scharf

Gefüllter Weißbrotring

400 g Mehl | Salz
¾ Würfel Hefe (etwa 30 g) | 250 g Buttermilch
2 Knoblauchzehen | 1 Chilischote
50 g entsteinte schwarze Oliven
50 g Pinienkerne
100 g roh geräucherter Schinken
250 g Ricotta | 1 Ei (Größe M)
Pfeffer

Für 4 Personen | ⊚ 30 Min. Zubereitung
2 Std. 30 Min. Gehen | 40 Min. Backen
Pro Portion ca. 690 kcal, 28 g EW, 29 g F, 80 g KH

1 Für den Teig Mehl mit 1 TL Salz mischen. Hefe zerkrümeln, mit der Buttermilch verrühren und mit Mehl zu einem glatten Teig verkneten. Zugedeckt an einem warmen Ort etwa 2 Std. gehen lassen.

2 Für die Füllung den Knoblauch schälen, Chili waschen und entstielen. Beides mit Oliven und Pinienkernen fein hacken. Schinken ohne Fettrand klein würfeln. Ricotta und Ei verrühren, zerkleinerte Zutaten untermischen, salzen und pfeffern.

3 Den Teig auf wenig Mehl zu einer rechteckigen, knapp 1 cm dicken Platte ausrollen. Füllung darauf verstreichen, rundherum einen Rand frei lassen. Von der Längsseite her aufrollen, auf ein mit Backpapier belegtes Blech legen und zum Ring formen. Die Ränder gut zusammendrücken. Nochmals etwa 30 Min. gehen lassen. Backofen auf 180° vorheizen.

4 Brotring in den Ofen schieben (Mitte, Umluft 160°) und etwa 40 Min. backen. Herausnehmen, abkühlen und am besten bis zum nächsten Tag ziehen lassen.

saftig | vegetarisch

Kleine Calzoni

350 g Mehl | Salz | ½ Würfel Hefe (21 g)
3 EL Olivenöl | 300 g Spinat
150 g Tomaten | 1 Bund Frühlingszwiebeln
je 125 g Mozzarella und Gorgonzola
2 Knoblauchzehen
½ TL getrockneter Thymian | Pfeffer

Für 4 Personen | ⊚ 45 Min. Zubereitung
1 Std. Gehen | 25 Min. Backen
Pro Portion ca. 565 kcal, 24 g EW, 23 g F, 64 g KH

1 Für den Teig Mehl mit 1 TL Salz mischen. Hefe zerkrümeln und mit 175 ml lauwarmem Wasser verrühren. Mit 2 EL Öl zum Mehl geben und alles zu einem glatten Teig verkneten. Zugedeckt etwa 1 Std. an einem warmen Ort gehen lassen.

2 Für die Füllung Spinat verlesen, putzen, waschen, in kochendem Salzwasser zusammenfallen lassen. Abschrecken, ausdrücken und grob hacken. Die Tomaten waschen und ohne Stielansätze sehr fein würfeln. Frühlingszwiebeln waschen, putzen und samt knackigem Grün in Ringe schneiden. Beide Käse würfeln und mit Spinat, Tomaten und Zwiebeln mischen. Den Knoblauch schälen und dazupressen. Thymian untermischen, Füllung salzen und pfeffern.

3 Den Backofen auf 220° (Umluft 200°) vorheizen. Teig achteln und jeweils auf wenig Mehl zu einem knapp 1 cm dicken, runden Fladen ausrollen. Jeden Fladen auf einer Hälfte mit etwas Füllung belegen, andere Hälfte darüberklappen und die Ränder gut zusammendrücken. Auf ein mit Backpapier belegtes Blech legen, mit restlichem Öl einpinseln und im Ofen (Mitte) etwa 25 Min. backen. Abkühlen lassen.

1

2

3

vegetarisch | gelingt leicht

Salat-Avocado-Wraps mit Feta

Saftig gefüllte und aufgerollte Tortillas, die im Folienpäckchen so richtig gut durchziehen können – ideale Picknick-Kost auch für eine große Runde.

2 Tomaten
2 Frühlingszwiebeln
2 Avocados
5 EL Limettensaft
2 TL Sambal oelek oder Harissa
2 EL Olivenöl
Salz
1 TL gemahlener Koriander
8 Kopfsalatblätter
150 g Feta (Schafkäse)
50 g Joghurt
1 kleine Salatgurke
8 Tortillas

Für 4 Personen | 🕐 30 Min. Zubereitung
Pro Portion ca. 555 kcal, 15 g EW, 39 g F, 35 g KH

1 Tomaten waschen, halbieren, von den Stielansätzen befreien und entkernen, dann in sehr kleine Würfel schneiden. Die Frühlingszwiebeln waschen, putzen und mit dem knackigen Grün in sehr feine Ringe schneiden. Avocados rundherum bis zum Kern einschneiden, Hälften gegeneinanderdrehen und auseinanderlösen. Vom Kern befreien, schälen und sehr fein zerdrücken.

2 Das Avocadopüree mit Limettensaft, Sambal oelek oder Harissa und Olivenöl verrühren. Die Tomatenwürfel und Zwiebelringe untermischen und die Creme mit Salz und Koriander abschmecken.

3 Salatblätter waschen, trockenschütteln und die dicken Blattrippen flacher schneiden (Bild 1). Den Feta fein zerkrümeln und mit dem Joghurt mischen. Gurke schälen oder waschen, längs halbieren und die Kerne herauskratzen. Die Gurkenhälften fein würfeln, unter die Feta-Joghurt-Mischung heben.

4 Eine Pfanne heiß werden lassen. Tortillas darin bei mittlerer Hitze nacheinander pro Seite ½ Min. braten. Auf die Arbeitsfläche legen, mit Avocadocreme bestreichen. Mit je 1 Salatblatt belegen und etwas von der Feta-Joghurt-Mischung darauf verteilen. Den unteren Rand etwa 3 cm nach oben klappen. Seitliche Ränder leicht einschlagen (Bild 2) und die Tortillas straff aufrollen. Jede Tortilla am unteren Ende mit Butterbrotpapier umhüllen und komplett in Klarsichtfolie wickeln. Bis zum Picknick in den Kühlschrank legen.

TIPP – TORTILLAS SELBER MACHEN
Wraps mit selbst gemachten Tortillas schmecken noch besser: Dafür 180 g Mehl mit 1 TL Salz mischen. Mit etwa 100 ml lauwarmem Wasser zu einem glatten, geschmeidigen Teig verkneten. Zu einer Kugel formen und in ein Küchentuch gewickelt 15 Min. ruhen lassen. In 8 Portionen teilen und diese rund und dünn ausrollen. In der Pfanne bei mittlerer Hitze 1 Min. backen.

AUSTAUSCH-TIPP
Statt Schafkäse 200 g Hähnchenbrust in feine Streifen schneiden und in Olivenöl braten. Würzen, mit Joghurt und Gurke mischen und auf den Salatblättern verteilen.

macht was her | ganz einfach

Strudelteigröllchen mit Melone und Schinken

1 Stück Honigmelone (400 g)
1 EL Kapern
1 Bund Rucola
Pfeffer | 3 EL Butter
200 g Strudelteig (2 Päckchen, Kühlregal)
125 g roh geräucherter Schinken
(in sehr dünnen Scheiben)
150 g saure Sahne

Für 4 Personen
🕐 25 Min. Zubereitung | 20 Min. Backen
Pro Portion ca. 440 kcal, 13 g EW, 26 g F, 38 g KH

1 Die Melone von den Kernen und dem faserigen Fruchtfleisch befreien, schälen und klein würfeln. Kapern hacken. Rucola verlesen, von den groben Stielen befreien, waschen, trockenschleudern und fein hacken. Alles mischen und pfeffern.

2 Den Backofen auf 200° (Umluft 180°) vorheizen. Backblech mit Backpapier belegen, die Butter zerlassen. Die Strudelteigblätter auseinanderlösen, in 12 gleich große Stücke schneiden und mit der Hälfte der Butter bestreichen. Schinkenscheiben daraufgeben, Melonenmischung darauf verteilen und die saure Sahne darüberträufeln. Teigränder nach innen klappen, dann alles zu Röllchen aufrollen und nebeneinander auf das Blech geben. Mit der übrigen Butter bepinseln und im Ofen (Mitte) etwa 20 Min. backen. Abkühlen lassen.

UND DAZU?
Joghurt oder saure Sahne mit scharfem Senf, Salz und Pfeffer abschmecken und zum Dippen extra einpacken.

deftig | würzig

Sauerkraut-Speck-Guglhupf

500 g Dinkel- oder Weizenmehl (Typ 1050)
Salz | 1 Würfel Hefe (42 g)
1 TL Zucker | ⅛ l lauwarme Milch
150 g Butter | 1 Ei (Größe M) | 4 Eigelb (Größe M)
150 g durchwachsener Räucherspeck
1 große Zwiebel | 250 g Sauerkraut
1 TL gemahlener Kümmel

Für 8–10 Stücke | 🕐 45 Min. Zubereitung
2 Std. 30 Min. Gehen | 1 Std. Backen
Pro Stück (bei 10 Stücken) ca. 530 kcal, 14 g EW, 33 g F, 42 g KH

1 Das Mehl mit 1 TL Salz mischen, eine Mulde eindrücken. Hefe zerkrümeln und mit Zucker und Milch verrühren. In die Mulde geben und 15 Min. gehen lassen. Inzwischen Butter schmelzen und abkühlen lassen. Dann mit Ei und Eigelben zum Mehl geben und alles mit den Knethaken verkneten. Zugedeckt etwa 2 Std. an einem warmen Ort gehen lassen.

2 Dann den Speck ohne Schwarte klein würfeln und in einer Pfanne auslassen. Zwiebel schälen, fein würfeln, zum Speck geben und bei schwacher Hitze 5 Min. mitdünsten. Sauerkraut sehr klein schneiden und unterrühren, mit Kümmel würzen. Die Mischung unter den Teig arbeiten. Eine Guglhupfform gründlich fetten, Teig einfüllen. Weitere 15 Min. gehen lassen. Backofen auf 180° vorheizen.

3 Den Guglhupf im Ofen (Mitte, Umluft 160°) etwa 1 Std. backen, eventuell am Schluss mit Alufolie abdecken. In der Form abkühlen lassen und darin zum Picknick mitnehmen.

mediterran

Petersilien-Tomaten-Frittata mit Schinken

250 g Kirschtomaten
2 Knoblauchzehen
1 großes Bund Petersilie
50 g entsteinte grüne Oliven
100 g gekochter Schinken
8 Eier (Größe M)
2 EL frisch geriebener Parmesan
Salz | Pfeffer | 2 EL Olivenöl

Für 4 Personen | ⌚ 40 Min. Zubereitung
Pro Portion ca. 285 kcal, 20 g EW, 21 g F, 5 g KH

1 Tomaten waschen und halbieren. Knoblauch schälen und in dünne Scheiben schneiden. Petersilie waschen, trockenschütteln, fein hacken. Oliven mit dem Schinken ohne Fettrand fein würfeln.

2 Eier leicht verquirlen. Tomaten, Petersilie, Knoblauch, Olivenmischung und Käse untermischen. Mit Salz und Pfeffer würzen.

3 Das Olivenöl in einer Pfanne erhitzen. Die Eiermischung hineingießen und in 15–20 Min. bei schwacher Hitze stocken lassen. Auf einen Teller gleiten lassen, umgedreht in die Pfanne stürzen und nochmals 5 Min. braten. Abkühlen lassen und in Tortenstücke schneiden. Einzeln verpacken.

AUSTAUSCH-TIPPS
Statt der Tomaten mal Zucchini, Lauch, Spinat oder Mangold waschen, putzen, klein schneiden, in 1 EL Öl andünsten und unter die Eiermischung rühren. Oder gegrillte Paprikaschoten oder Artischockenböden (aus dem Glas) klein würfeln und untermischen.

vegetarisch

Scharfe Käsemuffins mit Rosmarin

1 kleine rote Paprikaschote
1 grüne Chilischote
1 Zweig Rosmarin
6 EL Olivenöl
150 g Ricotta
100 ml Milch
1 Ei (Größe M)
100 g frisch geriebener Parmesan
Salz
250 g Mehl
3 TL Backpulver

Für 12 Stück | ⌚ 40 Min. Zubereitung
Pro Stück ca. 195 kcal, 8 g EW, 10 g F, 20 g KH

1 Den Backofen auf 200° (Umluft 180°) vorheizen. Eine Muffinsform mit etwas Öl ausstreichen (oder je 1 Papierförmchen in die Mulden setzen). Paprika und Chili waschen, putzen und fein schneiden. Rosmarin waschen, trockenschütteln und fein hacken.

2 In einem Topf 1 EL Öl erhitzen. Paprika und Chili mit Rosmarin darin unter Rühren 2–3 Min. dünsten, abkühlen lassen. Restliches Öl mit Ricotta, Milch, Ei und Parmesan verrühren. Die Paprikamischung untermengen, salzen. Das Mehl und Backpulver mischen und rasch unter die Käsemasse rühren. Den Teig in die Form füllen, die Vertiefungen sollen nur zu zwei Drittel gefüllt sein.

3 Die Muffins im Ofen (Mitte) 15–20 Min. backen, bis sie schön aufgegangen und leicht gebräunt sind. In der Form abkühlen lassen und die Muffins darin zum Picknick mitnehmen.

Pflanzerl, Bällchen & Co.

Für Viele darf Fleisch beim Picknick im Freien nicht fehlen – etwas Großes soll es aber eher nicht sein. Lieber Kleinigkeiten, die aus der Hand zu essen sind und von denen man sich öfters mal bedienen kann, wie bei diesen knusprigen und würzigen Mini-Schnitzeln mit Korianderpanade.

Schnitzelchen mit Korianderpanade

½ Bund Thymian
1 EL Koriandersamen
1 Bio-Zitrone
125 g Semmelbrösel
3 Eier (Größe M)
50 g Mehl
500 g dünne Puten-, Schweine-
oder Kalbsschnitzel
Salz | Pfeffer
2 EL Butterschmalz

Für 4 Personen | ⊚ 1 Std. Zubereitung
Pro Portion ca. 380 kcal, 36 g EW, 12 g F, 32 g KH

1   Den Thymian waschen, trockenschütteln und
die Blättchen von den Zweigen streifen. Koriandersamen in einer Pfanne ohne Fett bei mittlerer Hitze
etwa 1 Min. rösten, im Mörser zerstoßen. Zitrone
heiß waschen und die Schale fein abreiben.

2   Thymian, Koriander und Zitronenschale mit den
Semmelbröseln auf einem Teller mischen. Die Eier
auf einem zweiten Teller verquirlen, das Mehl auf
einen dritten geben.

3   Die Schnitzel mit dem Handballen noch etwas
flacher drücken und in etwa 5 cm große Stücke
schneiden. Mit Salz und Pfeffer würzen. Erst im
Mehl, dann in den Eiern und zum Schluss in den
Semmelbröseln wenden. Butterschmalz in einer
Pfanne erhitzen, Schnitzel darin bei mittlerer Hitze
pro Seite etwa 2 Min. braten. Abkühlen lassen.

AUSTAUSCH-TIPPS
Statt Fleisch knapp 1 cm dicke Feta-Scheiben (Schaf-
käse) panieren und braten – oder auch vorgekochte
Gemüsescheiben wie Knollensellerie oder Kohlrabi.

UND DAZU?
Zitronenachtel und Senf, Krustenbrötchen.

orientalisch | leicht

Hühnerfleischbällchen mit Datteln

1 ½ altbackene Brötchen
400 g Hähnchenbrustfilet
½ Bio-Zitrone
50 g entsteinte Datteln
½ Bund Koriandergrün (ersatzweise Petersilie)
4 Knoblauchzehen
1 kleine grüne Chilischote
2 Eier (Größe M) | Salz
je ½ TL gemahlener Koriander, rosenscharfes
Paprikapulver und Ras-el-hanout (marokkanische
Gewürzmischung, aus dem Orient- oder Asia-
Laden)
2 EL Olivenöl

Für 4 Personen | ⊕ 40 Min. Zubereitung
Pro Portion ca. 295 kcal, 30 g EW, 9 g F, 23 g KH

1 Die Brötchen in lauwarmem Wasser einweichen.
Hähnchenbrustfilet sehr fein würfeln oder hacken.

2 Die Zitrone heiß waschen und die Schale fein
abreiben, Datteln fein würfeln. Koriander waschen,
trockenschütteln und fein schneiden. Knoblauch
schälen und durch die Presse drücken. Die Chili
waschen, entstielen und fein schneiden.

3 Brötchen gut ausdrücken und zerpflücken. Mit
Hühnerfleisch, Zitronenschale, Datteln, Koriander,
Knoblauch, Chili, Eiern, Salz und den Gewürzen
gründlich verkneten. Aus dem Fleischteig tisch-
tennisballgroße Bällchen formen. In einer Pfanne
das Öl erhitzen und die Bällchen darin bei mittlerer
Hitze rundherum in 10–12 Min. goldbraun braten.
Abgekühlt auf Zahnstocher spießen.

mediterran | würzig

Würzige Fleisch- pflanzerl

1 altbackenes Brötchen
5 in Öl eingelegte, getrocknete Tomaten
2 EL entsteinte grüne Oliven
4 Frühlingszwiebeln
2 Knoblauchzehen | ½ Bund Petersilie
400 g Rinderhackfleisch
2 Eier (Größe M) | 1 EL körniger Senf
Salz | Pfeffer | 2 EL Olivenöl

Für 4 Personen | ⊕ 50 Min. Zubereitung
Pro Portion ca. 380 kcal, 29 g EW, 23 g F, 14 g KH

1 Das Brötchen in lauwarmem Wasser einweichen.
Tomaten und Oliven fein hacken. Frühlingszwiebeln
waschen, putzen und mit dem zarten Grün in feine
Ringe schneiden. Den Knoblauch schälen und fein
hacken. Petersilie waschen, trockenschütteln und
ebenfalls fein schneiden.

2 Das Brötchen gut ausdrücken und zerpflücken.
Mit den zerkleinerten Zutaten, dem Hackfleisch,
Eiern und Senf in eine Schüssel geben, salzen,
pfeffern und zu einem gebundenen Teig verkneten.

3 Aus dem Fleischteig etwa 1 cm dicke Küchlein
formen. In einer Pfanne das Öl erhitzen und die
Küchlein darin pro Seite 3–4 Min. bei mittlerer
Hitze braten, abkühlen lassen. Jeweils mehrere
Pflanzerl auf Schaschlikspieße stecken. In Butter-
brotpapier einpacken.

UND DAZU?
Knuspriges Weißbrot und ein bunt gemischter Blattsalat
(Dressing extra einpacken).

orientalisches Fingerfood | vegetarisch

Falafel mit Limetten-Tomaten-Joghurt

Diese arabischen Bällchen schmecken kalt ganz wunderbar und sie harmonieren mit dem frisch-fruchtigen Dip vor allem im Sommer ideal.

Für die Falafel

250 g geschälte, getrocknete grüne Erbsen
1 Bund Frühlingszwiebeln
2 Knoblauchzehen
1 Bund Petersilie
je 1 TL gemahlener Koriander und Kreuzkümmel
sowie rosenscharfes Paprikapulver
2 TL Salz | 1 TL Backpulver
¾ l Öl zum Frittieren

Für den Limetten-Tomaten-Joghurt

1 Bio-Limette
200 g Tomaten
¼ Bund Minze
350 g Joghurt
1 TL Honig
Salz

Für 4 Personen
🕐 45 Min. Zubereitung | 12 Std. Quellen
Pro Portion ca. 255 kcal, 18 g EW, 6 g F, 33 g KH

1 Für die Falafel die Erbsen in einer Schüssel mit Wasser übergießen und über Nacht einweichen und quellen lassen.

2 Am nächsten Tag die Erbsen abgießen und abtropfen lassen. Frühlingszwiebeln waschen und putzen, grob zerkleinern. Knoblauch schälen und grob hacken. Petersilie waschen, trockenschütteln und grob hacken. Alles in der Küchenmaschine fein zerkleinern oder durch den Fleischwolf drehen.

3 Das Erbsenpüree mit den Gewürzen, Salz und Backpulver gründlich mischen und zu knapp tischtennisballgroßen Bällchen formen (Bild 1).

4 Das Öl in einem weiten Topf erhitzen. Einen hölzernen Kochlöffelstiel hineinhalten. Wenn sich daran rundherum viele kleine Bläschen bilden, ist das Fett heiß genug. Die Bällchen portionsweise in etwa 4 Min. goldbraun frittieren. Falafel mit dem Schaumlöffel herausheben (Bild 2) und auf einer dicken Lage Küchenpapier abfetten lassen.

5 Für den Joghurt Limette heiß waschen und die Schale fein abreiben, Saft auspressen. Tomaten waschen, halbieren, entkernen und die Stielansätze entfernen. Die Tomaten in kleine Würfel schneiden. Minze waschen, trockenschütteln und fein hacken. Joghurt mit Honig, Salz, Limettenschale und 3 TL Limettensaft verrühren. Tomaten und Minze untermischen. Falafel portionsweise in Papiertüten verpacken. Joghurt extra einpacken und mitnehmen.

AUSTAUSCH-TIPPS

Statt der grünen Erbsen kann man auch getrocknete Kichererbsen oder weiße bzw. dicke Bohnen nehmen. Allerdings werden die Falafel mit den Erbsen saftiger.

UND DAZU?

Fladenbrot – mit oder ohne Sesam. Wer will, kann die Falafel dann auch im Sandwich essen: Ein Stück Fladenbrot aufschneiden, mit einem großen Salatblatt und ein paar Gurkenscheiben belegen, mit Falafel und Sauce bedecken, zusammenklappen, fertig.

fruchtig | pikant

Fischbällchen mit Mangodip

2 Scheiben Toastbrot

600 g Fischfilet (z. B. Seelachs oder Rotbarsch)

1 kleines Bund Petersilie

2 Knoblauchzehen | 2 EL Semmelbrösel

2 Eier (Größe M)

je 1 TL edelsüßes Paprikapulver, gemahlener Koriander und Chilipulver | Salz

1 Mango | 1 Bio-Limette | 1 Bio-Orange

1 EL Honig | ¾ l Öl zum Frittieren

Für 4 Personen | ⏱ 45 Min. Zubereitung
Pro Portion ca. 280 kcal, 33 g EW, 7 g F, 21 g KH

1 Das Toastbrot entrinden und in lauwarmem Wasser einweichen. Das Fischfilet sehr fein hacken. Petersilie waschen, trockenschütteln und ebenfalls fein hacken. Knoblauch schälen und durchpressen.

2 Das Toastbrot gut ausdrücken und zerpflücken. Mit Fisch, Petersilie, Knoblauch, Semmelbröseln und Eiern verkneten. Mit Paprika, Koriander und Salz würzen.

3 Das Öl in einem weiten Topf erhitzen. Von der Fischmasse mit zwei Teelöffeln Bällchen abnehmen und im Öl portionsweise in 3–4 Min. goldbraun frittieren. Auf Küchenpapier abfetten lassen.

4 Die Mango schälen und das Fruchtfleisch von dem Stein abschneiden. Limette und Orange heiß waschen, Schale fein abreiben, Saft auspressen. Mangofleisch mit Zitrussaft pürieren, mit Zitrusschale, Honig, Chilipulver und Salz würzen. Bällchen in eine Dose packen, Dip extra mitnehmen.

macht Eindruck | mediterran

Gefüllte Zucchini-stückchen

2 längliche, schlanke Zucchini (etwa 400 g)

Salz

2 Frühlingszwiebeln

2 Knoblauchzehen

½ Bund Basilikum

50 g in Öl eingelegte, getrocknete Tomaten

1 EL entsteinte grüne Oliven

1 EL Kapern (nach Belieben)

50 g frisch geriebener Parmesan

2 EL Semmelbrösel

4 EL Olivenöl

Pfeffer

1 Prise Chilipulver

Für 4 Personen | ⏱ 40 Min. Zubereitung
Pro Portion ca. 210 kcal, 9 g EW, 14 g F, 12 g KH

1 Zucchini waschen, putzen und längs halbieren. In 5 cm lange Stücke schneiden und diese mit einem scharfkantigen Löffel bis auf knapp 1 cm aushöhlen. Die Hälfte des Fruchtfleischs hacken.

2 Backofen auf 200° (Umluft 180°) vorheizen. Die Zwiebeln waschen, putzen, samt knackigem Grün in feine Ringe schneiden. Knoblauch schälen und mit Basilikumblättchen fein hacken. Tomaten mit Oliven und Kapern fein hacken. Diese Zutaten mit dem gehackten Zucchinifleisch, Käse, Semmelbröseln und Öl mischen. Mit Salz, Pfeffer und Chili würzen.

3 Käsemasse in den Zucchinistückchen verteilen, in eine feuerfeste Form setzen. Im Ofen (Mitte) 15–20 Min. backen, bis die Füllung goldbraun ist. Abkühlen lassen und einpacken.

asiatisch | ganz einfach

Würzige Hähnchenkeulen

In eine aromatische Marinade eingelegt und im Ofen gebacken – simpler kann man Hühnerbeine fast nicht zubereiten und auch eine ganze Meute damit glücklich machen.

4 Hähnchenkeulen (mit Rückenstück, je etwa 330 g)
1 Stück frischer Ingwer (etwa 4 cm)
2 Knoblauchzehen
1 Chilischote
4 Kaffir-Limettenblätter
½ Bund Koriandergrün
2 EL Limettensaft | 1 TL Honig
1 TL gemahlener Koriander
½ TL gemahlener Kreuzkümmel
1 EL Sesamöl
2 EL neutrales Öl
Salz | Pfeffer

Für 4 Personen | ⊚ 20 Min. Zubereitung
4 Std. Marinieren | 40 Min. Backen
Pro Portion ca. 480 kcal, 42 g EW, 33 g F, 2 g KH

1 Hähnchenkeulen waschen und trockentupfen. Nach Belieben mit Messer und Geflügelschere jeweils im Gelenk einmal teilen oder ganz lassen, nebeneinander in eine Schale legen.

2 Ingwer und Knoblauch schälen, Chilischote waschen und entstielen, alles fein hacken. Die Limettenblätter waschen und in feine Streifen schneiden. Koriandergrün waschen und trockenschütteln, ein paar Blättchen beiseitelegen, den Rest fein schneiden. Limettensaft mit Honig und den Gewürzen verrühren, beide Ölsorten und die klein geschnittenen Zutaten untermischen.

3 Die Marinade über den Hähnchenkeulen verteilen und diese mindestens 4 Std., besser über Nacht, marinieren lassen. Dabei einmal umdrehen.

4 Den Backofen auf 200° vorheizen. Hähnchenkeulen salzen, pfeffern und nebeneinander in eine feuerfeste Form legen. Im Ofen (Mitte, Umluft 180°) etwa 40 Min. backen, dabei ein- bis zweimal wenden. Abkühlen lassen.

VARIANTE – HÜHNERBEINE MEDITERRAN
Statt der Asia-Marinade 2 Zweige Rosmarin, 6 Salbeiblättchen und ¼ Bund Thymian waschen und trockenschütteln, fein zerkleinern. Mit 4 Knoblauchzehen in Scheiben, 1 TL Fenchelsamen, 2 EL Zitronensaft und 4 EL Olivenöl vermengen. Mit Salz, Pfeffer und etwas Chili würzen und auf den Hähnchenkeulen verteilen. Dann beim Garen noch 2 EL grüne Oliven dazugeben.

TIPP – GARPROBE
Hähnchenfleisch muss wegen der Salmonellengefahr immer gut durchgegart werden. Deshalb zur Probe mit einer Nadel in die dickste Stelle der Keule stechen. Tritt klarer Saft aus, ist die Keule gar, ist er dagegen noch rötlich, unbedingt länger braten.

MEHR LEUTE BEIM PICKNICK?
Die Zutatenmenge entsprechend der Personenanzahl anpassen und die Hühnerbeine auf dem Backblech zubereiten. Wichtig: Die Keulen müssen nebeneinander liegen, damit alle schön gleichmäßig bräunen.

vegetarisch | gelingt leicht

Zucchini-Paprika-Puffer

300 g junge Zucchini
1 rote Paprikaschote
4 Frühlingszwiebeln
4 Zweige Thymian
2 Eier (Größe M)
50 g Mehl
Salz | Pfeffer
3 EL Olivenöl
250 g Joghurt
1 EL Sesampaste (Tahin, aus dem Bio-Laden)
½ EL Zitronensaft
1 TL rosenscharfes Paprikapulver

Für 4 Personen | 🕙 40 Min. Zubereitung
Pro Portion ca. 225 kcal, 8 g EW, 15 g F, 15 g KH

1 Die Zucchini waschen, putzen und fein raspeln, die Zucchiniraspel gut ausdrücken. Paprikaschote waschen, vierteln, putzen und in sehr feine Streifen schneiden. Frühlingszwiebeln waschen, putzen und mit dem knackigen Grün in feine Ringe schneiden. Den Thymian waschen, trockenschütteln und die Blättchen abstreifen.

2 Zucchini, Paprikastreifen, Zwiebeln und Thymian mit Eiern und Mehl verrühren, salzen und pfeffern. Das Olivenöl in einer Pfanne erhitzen. Nach und nach mit einem Esslöffel etwas von der Zucchinimasse abnehmen und in die Pfanne setzen, flachdrücken. Die Zucchini-Paprika-Puffer bei mittlerer Hitze pro Seite 4 Min. braten.

3 Inzwischen Joghurt mit Sesampaste und Zitronensaft verrühren und mit Salz und Paprikapulver würzen. Puffer und Sauce getrennt verpacken.

würzig | saftig

Grünkernpflanzerl

½ l Gemüsebrühe
200 g Grünkernschrot (aus dem Bio-Laden, eventuell frisch schroten lassen)
1 Möhre | 1 Stange Staudensellerie
3 Frühlingszwiebeln
2 Knoblauchzehen | 1 Bund Petersilie
2 Eier (Größe M) | Salz | Pfeffer
2 EL Öl

Für 4 Personen | 🕙 1 Std. Zubereitung
Pro Portion ca. 270 kcal, 11 g EW, 10 g F, 35 g KH

1 Die Brühe zum Kochen bringen. Den Grünkernschrot einrühren und bei schwacher Hitze zugedeckt 10 Min. garen. Inzwischen Möhre schälen, den Sellerie und die Frühlingszwiebeln waschen und putzen. Gemüse in feine Streifen schneiden, unter die Grünkernmasse mischen und weitere 10 Min. garen. Dann auf der abgeschalteten Kochstelle nachquellen und abkühlen lassen.

2 Inzwischen den Knoblauch schälen und fein hacken. Petersilie waschen, trockenschütteln und ebenfalls fein schneiden. Beides mit den Eiern unter die Grünkern-Gemüse-Mischung mengen, salzen und pfeffern. Die Masse zu 20 kleinen Küchlein formen.

3 Das Öl in einer Pfanne erhitzen. Die Grünkernpflanzerl darin bei mittlerer Hitze pro Seite etwa 4 Min. braten. Abkühlen lassen und einpacken.

AUSTAUSCH-TIPPS
Die Pflanzerl schmecken statt mit Grünkernschrot auch mit grobem Maisgrieß, feinem Bulgur oder Hirse gut.

Süße Sachen

Frische Früchte und gekaufte Kekse sind eher für Genügsame da. Wir aber möchten uns auch beim Picknick im Freien mit etwas Selbstgemachtem verwöhnen – mit diesen herrlich krossen und trotzdem saftigen Bällchen zum Beispiel. Oder mit einem cremigen Flan, einer fruchtigen Grütze oder auch leckerem Kuchen!

Frittierte Reisbällchen mit Pfirsichfüllung

250 g Milch- oder Risottoreis
650 ml Milch
2 Päckchen Vanillezucker
1 Prise Salz | 2 Eier (Größe M)
75 g Semmelbrösel
2 Pfirsiche | ½ Bio-Zitrone
100 g Marzipan-Rohmasse
¾ l Öl zum Frittieren
Puderzucker zum Bestäuben
(nach Belieben)

Für 4 Personen | ⏲ 50 Min. Zubereitung
Pro Portion ca. 610 kcal, 18 g EW, 17 g F, 94 g KH

1 Den Reis mit Milch, Vanillezucker und Salz zum Kochen bringen und zugedeckt bei schwacher Hitze in etwa 20 Min. körnig ausquellen lassen. In eine Schüssel umfüllen und lauwarm abkühlen lassen, dann die Eier und die Semmelbrösel unterrühren.

2 Die Pfirsiche mit kochend heißem Wasser überbrühen, abschrecken, häuten und entsteinen. Die Früchte in kleine Würfel schneiden. Zitrone heiß waschen, die Schale abreiben. Marzipan sehr klein würfeln, mit Pfirsichen und Zitronenschale mischen.

3 Die Reismasse in zehn Portionen teilen. Jede Portion in der Handfläche flach verteilen und mit Pfirsichwürfeln belegen. Die Reismasse darüberschlagen und zu einem Bällchen formen.

4 Wenn alle Bällchen geformt sind, das Öl in einem weiten Topf erhitzen. Die Reisbällchen darin portionsweise in 4–5 Min. goldbraun frittieren. Herausnehmen und auf einer dicken Lage Küchenpapier abfetten lassen. Abgekühlt einpacken. Und wer mag, bestreut sie vor dem Essen noch mit etwas Puderzucker.

Aprikosensauce

600 g Aprikosen | 1 Stück frischer Ingwer
(etwa 2 cm) | 200 ml aromatischer Weißwein
(z. B. Riesling) oder heller Traubensaft |
60 g Zucker | 3 EL starker Espresso | 2 TL unge-
süßtes Kakaopulver | 1 Prise Nelkenpulver

Für 4 Personen | 🕐 25 Min. Zubereitung
Pro Portion ca. 155 kcal, 2 g EW, 1 g F, 28 g KH

1 Die Aprikosen waschen, halbieren, vom Kern
befreien und in kleine Würfel schneiden. Ingwer
schälen und fein hacken. Aprikosen und Ingwer mit
dem Wein oder Traubensaft und dem Zucker zugedeckt bei mittlerer Hitze etwa 10 Min. garen.

2 Aprikosen im Sud erkalten lassen, dann fein
pürieren. Mit Espresso, Kakao und Nelkenpulver
abschmecken. Die Sauce in ein Schraubglas füllen.

UND DAZU?
Schokokuchen (S. 53) oder Kekse wie Butterplätzchen
oder Mandelkekse, die man in die Sauce eintunken.

Vanillesauce mit Chili

1 Vanilleschote | 1 Chilischote | ½ l Milch |
2 Eigelb (Größe M) | 2 Päckchen Vanillezucker |
20 g Speisestärke | ½ Bio-Limette

Für 4 Personen | 🕐 20 Min. Zubereitung
Pro Portion ca. 110 kcal, 5 g EW, 4 g F, 12 g KH

Die Vanilleschote längs aufschlitzen und das Mark
herauskratzen. Die Chili waschen und längs aufschneiden, mit Milch, Vanilleschote und -mark in
einen Topf geben und aufkochen lassen. Eigelbe
und Vanillezucker in einem anderen Topf schaumig
schlagen, Stärke untermischen. Die Milch durch ein
Sieb dazugießen und gut unterrühren. Sauce bei
schwacher Hitze erwärmen, bis sie dickflüssig wird
(nicht kochen!). Limette heiß waschen, die Schale
abreiben, untermischen. die Sauce unter Rühren
abkühlen lassen, dann in ein Schraubglas füllen.

UND DAZU?
Schokokuchen (S. 53), Obst und Gebäck passen gut.

zum Löffeln | herrlich schokoladig

Schokokuchen aus dem Glas

Saftige Kuchen mit einem flüssigen Kern – mit einer der Saucen von links kombiniert und beim Picknick einfach aus dem Glas gelöffelt – ein Genuss!

150 g Zartbitter-Schokolade | 80 g Butter |
3 Eier (Größe M) | 50 g Zucker | 1 Päckchen
Vanillezucker | 50 g Mehl

Für 4 kleine Kuchen
◎ 25 Min. Zubereitung | 15 Min. Backen
Pro Kuchen ca. 510 kcal, 8 g EW, 35 g F, 41 g KH

1 Den Backofen auf 220° (Umluft 200°) vorheizen. Vier hitzefeste Gläser (z. B. Weckgläser) von je etwa 150 ml Inhalt gründlich mit Butter ausstreichen.

2 Die Schokolade in Stücke brechen, die Butter würfeln und beides zusammen in einer Tasse oder Schüssel im heißen Wasserbad schmelzen lassen. Die Eier mit dem Zucker und dem Vanillezucker zu einer schaumigen Creme aufschlagen. Schokolade nach und nach untermischen, zum Schluss das Mehl schnell, aber gründlich unterrühren.

3 Schokoladenmasse auf die Gläser verteilen. Die Kuchen in den Ofen (Mitte) stellen und etwa 15 Min. backen. Abkühlen lassen, dann mit dem Deckel der Weckgläser oder mit Pergament- und Geschenkpapier verschließen und mitnehmen.

GUT ZU WISSEN

Je höher die Qualität der Schokolade ist, desto feiner werden die Kuchen. Wählen Sie am besten eine Sorte mit mindestens 60 % Kakaoanteil aus. Und: Stürzen lassen sich die weichen Kuchen nicht so gut, deshalb mit Löffeln aus dem Glas essen.

UND DAZU?

Statt einer Sauce (S. 52) schmeckt zu den Kuchen auch Obst, etwa klein gewürfelte Pfirsiche oder Aprikosen, kombiniert mit Himbeeren. Früchte mit etwas Zitronensaft und Ahornsirup abschmecken und extra einpacken.

würzig | cremig

Karamell-Gewürz-Flans

130 g Zucker
1 Vanilleschote
1 Stück Bio-Orangenschale (etwa 5 cm)
2 Eier (Größe M)
4 Eigelb (Größe M)
250 g Sahne
2 TL Ras-el-hanout (marokkanische Gewürzmischung, aus dem Orient- oder Asia-Laden)

Für 4 Personen
◉ 25 Min. Zubereitung | 45 Min. Garen
Pro Portion ca. 435 kcal, 8 g EW, 29 g F, 35 g KH

1 In einem Topf 80 g Zucker schmelzen und leicht
braun werden lassen. 100 ml Wasser angießen und
kochen lassen, bis der Zucker wieder flüssig ist.
Vier hitzefeste und transportfähige Förmchen (je
etwa ¼ l Inhalt) mit dem Karamell ausgießen.

2 Den Backofen auf 150° vorheizen. Vanilleschote
der Länge nach aufschlitzen und das Mark herauskratzen. Orangenschale sehr fein hacken und mit
Mark, Eiern, Eigelben, Sahne, restlichem Zucker
und Ras-el-hanout gründlich verrühren und vorsichtig auf den Karamell in die Förmchen gießen.

3 Förmchen in eine Reine stellen. So viel heißes
Wasser angießen, dass die Förmchen zur Hälfte darin stehen. Flans im Ofen (unten, Umluft 130°) etwa
45 Min. garen. Abgekühlt im Förmchen mitnehmen.

TIPP
Gut eignen sich für die Flans kleine Weckgläser, die
man statt mit dem Deckel auch mit Butterbrotpapier
und einer hübschen Schnur verschließen kann.

erfrischend | gelingt leicht

Himbeergrütze

500 g Himbeeren
¼ l roter Traubensaft
1 EL Limetten- oder Zitronensaft
70 g Zucker
1 Prise frisch gemahlener schwarzer Pfeffer
40 g Speisestärke

Für 4 Personen
◉ 30 Min. Zubereitung | 4 Std. Kühlen
Pro Portion ca. 180 kcal, 2 g EW, 1 g F, 42 g KH

1 Die Himbeeren verlesen und, nur falls nötig,
kurz vorsichtig waschen. Mit Traubensaft, Zitrussaft,
Zucker und Pfeffer zum Kochen bringen und offen
bei mittlerer Hitze etwa 5 Min. köcheln lassen.

2 Die Stärke mit 2–3 EL kaltem Wasser anrühren,
unter die Beeren mischen und alles noch einmal
aufkochen lassen. Grütze in verschließbare Gläser
(je etwa 300 ml Inhalt) füllen und abkühlen lassen.
Dann verschließen und mindestens 4 Std. in den
Kühlschrank stellen.

GUT ZU WISSEN
Alle sämigen Fruchtgrützen werden auf diese Art zubereitet. Bei der Flüssigkeit können Sie auch mal Wein
statt Saft nehmen, die Zuckermenge richtet sich immer
nach der fruchteigenen Säure, also entsprechend mehr
oder weniger zugeben. Und: Wer die Grütze stürzen will,
braucht 60 g Speisestärke.

UND DAZU?
Vanillesauce (S. 52) passt sehr gut, aber ohne Chili und
Limette zubereitet. In eine Schraubflasche füllen und
beim Essen über die Grütze gießen und mitlöffeln.

festlich | schmeckt Kindern

Mini-Erdbeer-Charlottes

300 g Erdbeeren
1 Päckchen Vanillezucker
4 Blatt weiße Gelatine
¼ l Milch
4 Eigelb (Größe M)
60 g Zucker
125 g Sahne
1 Msp. fein abgeriebene Bio-Zitronenschale
knapp 200 g Biskuitrolle (am Stück, mit
Marmeladenfüllung) oder dünne Löffelbiskuits

Für 4 Stück
45 Min. Zubereitung | 2 Std. Kühlen
Pro Stück ca. 345kcal, 9 g EW, 19 g F, 34 g KH

1 Die Erdbeeren waschen, entkelchen und sehr
klein würfeln, mit dem Vanillezucker mischen. Die
Gelatine etwa 10 Min. in kaltem Wasser einweichen.

2 Die Milch erhitzen. Die Eigelbe mit dem Zucker
in einem Topf schaumig schlagen. Die Milch unter
ständigem Rühren dazugießen und alles erwärmen,
bis die Masse dickflüssig ist. Nicht kochen lassen,
sonst gerinnen die Eigelbe! Gelatine ausdrücken
und nach und nach in der heißen Creme auflösen.
Creme abkühlen lassen.

3 Die Sahne steif schlagen, mit den Erdbeeren
und der Zitronenschale unter die Creme heben.
Die Biskuitrolle in sehr dünne Scheiben schneiden.
Vier verschließbare, transportfähige Förmchen (je
etwa 350 ml Inhalt) damit auskleiden. Die Creme
einfüllen und mindestens 2 Std. kühl stellen. Dann
die Förmchen verschließen und mitnehmen.

saftig | gut vorzubereiten

Nugat-Brownies

150 g Nuss-Nugat
200 g Butter
150 g gehäutete Mandeln
½ Bio-Zitrone | 6 Eier (Größe M)
250 g brauner Zucker
150 g Mandelpaste (aus dem Bio-Laden)
150 g saure Sahne | 200 g Mehl
4 EL ungesüßtes Kakaopulver
1 Prise Salz

Für 25 Stück
30 Min. Zubereitung | 35 Min. Backen
Pro Stück ca. 295 kcal, 7 g EW, 19 g F, 24 g KH

1 Das Nuss-Nugat würfeln, die Butter schmelzen
und die Mandeln fein hacken. Die Zitrone heiß
waschen und die Schale fein abreiben.

2 Backofen auf 180° vorheizen. Eine eckige Back-
form (etwa 25 x 30 cm) mit Backpapier auskleiden.
Eier mit dem Zucker schaumig schlagen. Butter,
Nugat, Mandelpaste und die saure Sahne unterschlagen. Mehl mit Mandeln, Zitronenschale, Kakao
und Salz mischen und mit dem Kochlöffel gründlich, aber kurz unter die Schaummasse ziehen.

3 Den Teig in der Form verteilen. Im Ofen (Mitte,
Umluft 160°) etwa 35 Min. backen. Abgekühlt etwa
5 x 5 cm groß würfeln. Lagenweise in eine Dose
füllen, Butterbrotpapier dazwischen legen.

AUSTAUSCH-TIPPS
Statt Mandeln und Mandelpaste auch mal Haselnüsse
und Haselnusspaste oder Cashewkerne und Sesampaste (Tahin) nehmen.

gut vorzubereiten

Blechkuchen Linzer Art

Mit einer würzigen Füllung aus eingekochten Zwetschgen wird der Klassiker aus Öster-reich extra-fein. In kleine Stücke geschnitten ist er ideal für viele Picknick-Freunde.

Für die Füllung

1 kg Zwetschgen

80 g Zucker

2 EL Zwetschgenwasser (nach Belieben)

1 TL Zimtpulver

Für den Teig

300 g Mehl

300 g gemahlene Mandeln

150 g Zucker

½ Bio-Zitrone

300 g kalte Butter

3 Eigelb (Größe M)

Außerdem

Mehl für die Arbeitsfläche

1 Eigelb (Größe M) zum Bestreichen

Puderzucker zum Bestäuben

Für 35 Stücke | ⊚ 1 Std. Zubereitung
30 Min. Kühlen | 40 Min. Backen
Pro Stück ca. 195 kcal, 3 g EW, 13 g F, 16 g KH

1 Die Zwetschgen waschen, halbieren, entsteinen und in kleine Würfel schneiden. Mit dem Zucker, eventuell dem Zwetschgenwasser und dem Zimt in einem Topf erwärmen und offen bei mittlerer bis schwacher Hitze etwa 20 Min. köcheln lassen, bis die Zwetschgen fast zerfallen sind. Dabei immer wieder durchrühren. Abkühlen lassen.

2 Inzwischen für den Teig Mehl und Mandeln mit dem Zucker mischen. Zitrone heiß waschen und die Schale fein abreiben. Die Butter in kleine Würfel schneiden und mit der Zitronenschale und den Eigelben zur Mehlmischung geben. Alles zu einem glatten Teig verkneten, zu einer Kugel formen, in Folie wickeln und 30 Min. kühl stellen.

3 Dann den Backofen auf 180° vorheizen. Das Backblech mit Backpapier belegen (oder auch einfetten).

4 Zwei Drittel vom Teig abnehmen und auf dem Blech mit dem bemehlten Nudelholz ausrollen, rundherum einen kleinen Rand hochziehen. Die Zwetschgen auf dem Teig verstreichen. Restlichen Teig auf der gut bemehlten Arbeitsfläche etwa 3 mm dünn ausrollen und in 2 cm breite Streifen schneiden. Gitterartig auf die Zwetschgen legen.

5 Den Kuchen im Ofen (Mitte, Umluft 160°) etwa 40 Min. backen. Dabei nach 20 Min. das Teiggitter mit Eigelb einstreichen. Kuchen komplett abkühlen lassen und dann in etwa 6 x 6 cm große Stücke schneiden, in eine Blechdose packen. Darin kann er ein paar Tage auf seinen Einsatz warten. Vor dem Essen mit Puderzucker bestäuben.

SPEED-TIPP

Statt Zwetschgen einzukochen einfach fertige Konfitüre (z. B. Preiselbeeren) oder Johannisbeergelee nehmen.

WENIGER LEUTE BEIM PICKNICK?

Von allem etwa ein Drittel weniger zubereiten und den Kuchen in der Springform (28 cm Ø) backen. Abgekühlt in der Form mitnehmen und vor Ort aufschneiden.

Zum Gebrauch
Damit Sie Rezepte mit bestimmten
Zutaten noch schneller finden
können, stehen in diesem Register
zusätzlich auch beliebte Zutaten
wie **Kräuter** oder **Schinken** – ebenfalls alphabetisch geordnet und
hervorgehoben – über den entsprechenden Rezepten.

Unsere Garantie

Alle Informationen in diesem Ratgeber sind sorgfältig und gewissenhaft geprüft. Sollte dennoch einmal ein Fehler enthalten sein, schicken Sie uns das Buch mit dem entsprechenden Hinweis an unseren Leserservice zurück. Wir tauschen Ihnen den GU-Ratgeber gegen einen anderen zum gleichen oder ähnlichen Thema um.

Liebe Leserin und lieber Leser,

wir freuen uns, dass Sie sich für ein GU-Buch entschieden haben. Mit Ihrem Kauf setzen Sie auf die Qualität, Kompetenz und Aktualität unserer Ratgeber. Dafür sagen wir Danke! Wir wollen als führender Ratgeberverlag noch besser werden. Daher ist uns Ihre Meinung wichtig. Bitte senden Sie uns Ihre Anregungen, Ihre Kritik oder Ihr Lob zu unseren Büchern. Haben Sie Fragen oder benötigen Sie weiteren Rat zum Thema? Wir freuen uns auf Ihre Nachricht!

Wir sind für Sie da!

Montag – Donnerstag: 8.00 – 18.00 Uhr;
Freitag: 8.00 – 16.00 Uhr*(0,14 €/Min. aus dem dt. Festnetz/Mobilfunkpreise können abweichen)
Tel.: 0180-5 00 50 54*
Fax: 0180-5 01 20 54*
E-Mail: leserservice@graefe-und-unzer.de

P.S.: Wollen Sie noch mehr Aktuelles von GU wissen, dann abonnieren Sie doch unseren kostenlosen GU-Online-Newsletter und/oder unsere kostenlosen Kundenmagazine.

GRÄFE UND UNZER VERLAG
Leserservice
Postfach 86 03 13
81630 München

© 2008
GRÄFE UND UNZER VERLAG GmbH, München

Projektleitung: Katharina Lisson
Lektorat/Satz: Redaktionsbüro Christina Kempe, München
Layout, Typografie und Umschlaggestaltung: independent Medien-Design, Horst Moser, München
Herstellung: Petra Roth
Reproduktion: Penta Repro, München
Druck: Firmengruppe APPL, aprinta druck, Wemding
Bindung: Firmengruppe APPL, m.appl GmbH, Wemding

ISBN 978-3-8338-0912-5

2. Auflage 2010

Die Autorin

Cornelia Schinharl hat ihre Liebe zum Essen und Trinken zum Beruf gemacht. Seit vielen Jahren bringt sie ihren Erfahrungsschatz als freie Food-Journalistin und Kochbuchautorin zu Papier und hat dafür schon zahlreiche Auszeichnungen bekommen. Ihr besonderes Interesse gilt der Küche fremder Länder, allen voran Italien und Asien.

Der Fotograf

Jörn Rynio arbeitet als Fotograf in Hamburg. Zu seinen Auftraggebern gehören nationale und internationale Zeitschriften-, Buchverlage und Werbeagenturen. Aus seinem Studio stammen alle Rezeptfotos in diesem Band. Tatkräftig wurde er dabei von Rainer Meidinger (Foodstyling) und Michaela Suchy (Requisitenstyling) unterstützt.

Bildnachweis:

Titelfoto und alle anderen: Jörn Rynio, Hamburg

Syndication:
www.jalag-syndication.de

Titelbildrezept:

Kartoffel-Gemüse-Salat mit Kräutern (S. 14) und würzige Fleischpflanzerl (S. 40)

GRÄFE
UND
UNZER

Ein Unternehmen der
GANSKE VERLAGSGRUPPE